LE CODE

DE

LA ROUTE

Décret du 27 Mai 1921

Le Président de la République française,

Sur le rapport des ministres de l'intérieur, des finances et des travaux publics;

Vu la loi du 30 mai 1851 sur la police du roulage et des messageries publiques, et notamment l'article 2 de cette loi;

Vu l'article 3 de la loi constitutionnelle du 25 février 1875;

Vu le décret du 10 août 1852, portant règlement d'administration publique sur la police du roulage et des messageries publiques, modifié et complété par les décrets du 24 février 1858 et 29 août 1863;

Vu les décrets des 10 mars 1899, 10 septembre 1901 et 4 septembre 1919, concernant la circulation des automobiles;

Le conseil d'Etat entendu,

Décrète :

Art. 1er. — L'usage des voies ouvertes à la circulation publique, est régi par les dispositions du présent règlement.

★

CHAPITRE Ier

Dispositions applicables à tous les véhicules, aux bêtes de trait, de charge et aux animaux montés.

Pression sur le sol, forme et nature des bandages.

Art. 2. — La pression, exercée sur le sol par un véhicule, ne doit à aucun moment pouvoir excéder 150 kilogr. par centimètre de largeur du bandage; cette largeur est mesurée au contact avec un sol dur sur un bandage neuf en état de fonctionnement normal.

Les bandages métalliques ne doivent présenter aucune saillie sur leurs surfaces prenant contact avec le sol. Cette disposition n'est pas applicable pour les trajets entre la ferme et les champs, aux instruments aratoires à traction animale et aux véhicules automobiles servant à l'agriculture. Toutefois les roues ou tables de roulement de ces instruments et véhicules doivent être aménagées de manière à ne pas occasionner des dégradations anormales à la voie publique.

Les roues des véhicules automobiles servant au transport des personnes et des marchandises, ainsi que les roues de leurs remorques, doivent être munies de bandages en caoutchouc ou de tous autres systèmes équivalents au point de vue de l'élasticité.

Les clous et rivets, fixés sur les bandages en caoutchouc en vue d'éviter le dérapage, doivent s'appuyer sur le sol par une surface circulaire et plate d'au moins 10 millimètres de diamètre ne présentant aucune arête vive et ne faisant pas saillie sur la surface de roulement de plus de 4 millimètres.

Le délai d'application des prescriptions du présent article aux véhicules en service lors de la publication du présent règlement, est fixé par l'article 60 ci-après.

Les prescriptions du présent article ne sont applicables aux matériels spéciaux des départements de la guerre et de la marine qu'autant qu'elles ne sont pas incompatibles avec leur destination.

LE CODE

DE

LA ROUTE

Décret du 27 Mai 1921

suivi d'une circulaire concernant
la réglementation de l'usage des voies
ouvertes à la circulation publique

Édité par "SPORTS"
68, rue du Loup, BORDEAUX

Prix : I franc

AUTOMOBILES RENAULT

56, cours de l'Intendance, 56 - BORDEAUX

Le Hall d'Exposition.

EXPOSITION PERMANENTE DE TOUS MODÈLES

Téléphone 15.19 - Adresse télégraphique : Autorenos

Gabarit des véhicules

Art. 3. — Dans une section transversale, la largeur d'un véhicule toutes saillies comprises, ne doit nulle part être supérieure à 2 m. 50. — L'extrémité de la fusée et le moyeu, toutes pièces accessoires comprises, ne doivent pas faire saillie sur le reste du contour extérieur du véhicule.

Seuls peuvent faire exception à cette dernière règle :

1° Les instruments aratoires;

2° Les véhicules à traction animale dont la carrosserie ne surplombe pas les roues ou qui ne sont pas pourvus d'ailes ou de garde boue; dans ce cas le point le plus saillant de la fusée ou du moyeu, toutes pièces accessoires comprises, ne doit pas faire saillie de plus de 18 centimètres sur le plan passant par le bord extérieur du bandage.

Le délai d'application des prescriptions ci-dessus, aux véhicules en service lors de la promulgation du présent règlement, est fixé par l'article 60 ci-après.

Les prescriptions des paragraphes précédents ne sont applicables aux matériels spéciaux des départements de la guerre et de la marine qu'autant qu'elles ne sont pas incompatibles avec leur destination.

Les chaînes et autres accessoires mobiles ou flottants, doivent être fixés au véhicule de manière à ne pas sortir dans leurs oscillations, du contour extérieur du véhicule et à ne pas traîner sur le sol.

Eclairage

Art. 4. — Sans préjudice des prescriptions spéciales des articles 24 et 37 ci-après aucun véhicule marchant isolément ne peut circuler après la tombée du jour sans être signalé vers l'avant par un ou deux feux blancs et vers l'arrière par un feu rouge.

L'un des feux blancs ou le feu blanc, s'il est unique, est placé sur le côté gauche du véhicule. Il en est de même du feu rouge. Celui-ci peut être produit par le même foyer lumineux que le feu gauche d'avant dans

★★

le cas où la longueur totale du véhicule, chargement compris, n'exède pas 6 mètres.

Toutefois, les voitures agricoles, se rendant de la ferme aux champs ou des champs à la ferme, pourront n'être éclairées qu'au moyen d'un falot porté à la main. Il ne sera exigé, pour les voitures à bras, qu'un feu unique, coloré ou non.

Quand les véhicules marchent en convoi, dans les conditions fixées par l'article 13 du présent règlement, le premier véhicule de chaque groupe de deux voitures se suivant sans intervalle doit être pourvu d'au moins un feu blanc à l'avant et le second d'un feu rouge à l'arrière.

Le délai d'application des prescriptions du présent article aux véhicules en service lors de la promulgation du présent règlement est fixé par l'article 60 ci-après.

Plaques.

Art. 5. — Indépendamment des plaques spéciales aux automobiles définies à l'article 27 ci-après, tout propriétaire est tenu de faire apposer d'une manière très apparente, sur les véhicules lui appartenant, une plaque métallique portant, en caractère lisibles, son nom, prénom et domicile.

Sont exceptées de cette disposition :

1º Les voitures à bras;

2º Les voitures à traction animale destinées au transport des personnes et étrangères à un service public de transport en commun;

3º Les voitures appartenant à l'administration des postes;

4º Les voitures, chariots et fourgons appartenant aux départements de la guerre et de la marine;

5º Les voitures employées à la culture des terres, au transport des récoltes, à l'exploitation des fermes, soit qu'elles se rendent de la ferme aux champs ou des champs à la ferme, soit qu'elles servent au transport des objets récoltés, du lieu où ils ont été recueillis jusqu'à celui où, pour les conserver ou les manipuler, le cultivateur les dépose ou les rassemble.

Des décrets déterminent les marques dis-

tinctives que doivent porter les voitures dé-
signées au paragraphe 3 et 4 et les titres dont
les conducteurs doivent être munis.

Le délai d'application des prescriptions du
premier alinéa du présent article aux véhicules en service lors de la promulgation du présent règlement est fixé par l'article 60 ci-
après.

Largeur du chargement.

Art. 6. — La largeur du chargement des
véhicules ne peut excéder 2 m. 50. Toutefois
les préfets des départements peuvent délivrer
des permis de circulation pour les objets d'un
grand volume qui ne seraient pas susceptibles
d'être chargés dans ces conditions; ces per-
missions seront soumises aux règles fixées
par l'article 14 ci-après.

Sont affranchies de toute réglementation de
largeur du chargement, les voitures d'agriculture lorsqu'elles sont employées au transport des récoles de la ferme aux champs et
des champs à la ferme ou au marché.

Il est interdit d'établir sur les côtés des
véhicules des sièges fixes ou mobiles faisant
saillie sur la largeur du véhicule ou du chargement ou disposés de telle sorte que le conducteur assis sur ce siège ait tout ou partie
du corps en dehors de cette largeur.

Les prescriptions du présent article ne sont
applicables au matériels spéciaux de la guerre et de la marine qu'autant qu'elles ne sont
pas incompatibles avec leur destination.

Conduite des véhicules et des animaux.

Art. 7. — Tout véhicule doit avoir un conducteur; cette règle ne souffre d'exception que
dans les cas prévus par les articles 13 et 32
du présent règlement.

Les bêtes de trait ou de charge et les bestiaux doivent être accompagnés.

Les conducteurs doivent être constamment
en état et en position de diriger leur véhicule
ou de guider leurs attelages, bêtes de selle,
de trait, de charge ou bestiaux. Ils sont tenus
d'avertir de leur approche les autres conducteurs et les piétons.

Ils peuvent utiliser le milieu ou la partie

droite de la chaussée; mais il leur est formellement interdit de suivre la partie gauche, sauf en cas de dépassement ou de nécessité de virage.

Vitesse.

Art. 8. — Les conducteurs de véhicules quelconques, de bêtes de trait, de somme ou de selle, ou d'animaux doivent toujours marcher à une allure modérée dans la traversée des agglomérations et toutes les fois que le chemin n'est pas parfaitement libre ou que la visibilité n'est pas assurée dans de bonnes conditions.

Croisement et dépassement.

Art. 9. — Les conducteurs de véhicules quelconques, de bêtes de trait, de charge ou de selle, ou d'animaux doivent prendre leur droite pour croiser ou se laisser dépasser; ils doivent prendre à gauche pour dépasser.

Ils doivent se ranger à droite à l'approche de tout véhicule ou animal accompagné. Lorsqu'ils sont croisés ou dépassés, ils doivent laisser libre à gauche le plus large espace possible et au moins la moitié de la chaussée quand il s'agit d'un autre véhicule ou d'un troupeau, ou 2 mètres quand il s'agit d'un piéton, d'un cycle ou d'un animal isolé.

Lorsqu'ils veulent dépasser un autre véhicule, ils doivent, avant de prendre à gauche, s'assurer qu'ils peuvent le faire sans risquer une collision avec un véhicule ou animal venant en sens inverse.

Il est interdit d'effectuer un dépassement quand la visibilité en avant n'est pas suffisante.

Après un dépassement, un conducteur ne doit ramener son véhicule sur la droite qu'après s'être assuré qu'il peut le faire sans inconvénient pour le véhicule ou l'animal dépassé.

Bifurcations et croisées de chemins.

Art. 10. — Tout conducteur de véhicule ou d'animaux, abordant une bifurcation ou une croisée de chemins, doit annoncer son approche ou vérifier que la voie est libre, marcher à allure modérée et serrer sur sa droite, surtout aux endroits où la visibilité est imparfaite.

En dehors des agglomérations, la priorité de passage aux bifurcations et croisées de chemins est accordée aux véhicules circulant sur les routes nationales et sur les routes ou chemins qui leur seraient officiellement assimilés au point de vue de la circulation.

En dehors des agglomérations, à la croisée des chemins de même catégorie au point de vue de la priorité, le conducteur est tenu de céder le passage au conducteur qui vient à sa droite.

Dans les agglomérations, les mêmes règles sont applicables, sauf prescriptions spéciales édictées par l'autorité compétente.

Stationnement des véhicules

Art. 11. — Il est interdit de laisser sans nécessité un véhicule stationner sur la voie publique.

Les conducteurs ne peuvent abandonner leur véhicule avant d'avoir pris les précautions nécessaires pour éviter tout accident.

Tout véhicule en stationnement sera placé de manière à gêner le moins possible la circulation et à ne pas entraver l'accès des propriétés.

Lorsqu'un véhicule est immobilisé par suite d'accident ou que tout ou partie d'un chargement tombe sur la voie publique sans pouvoir être immédiatement relevé, le conducteur doit prendre les mesures nécessaires pour garantir la sécurité de la circulation et notamment pour assurer dès la chute du jour l'éclairage de l'obstacle.

Circulation sur les pistes spéciales.

Art. 12. — Lorsqu'une partie de la route a été aménagée spécialement en trottoir ou piste, en vue de circulations déterminées (piétons, cavaliers, cyclistes, etc.), il est interdit d'y circuler ou d'y stationner avec d'autres modes de locomotion, sauf les dérogations prévues à l'article 54 ci-dessous.

Convois.

Art. 13. — Des véhicules groupés en vue d'un trajet à faire de conserve forment un convoi.

Par dérogation à l'article 7 ci-dessus, un convoi de véhicules à traction animale peut ne comporter qu'un conducteur par deux véhicules se suivant sans intervalle, à condition que le conducteur soit à pied et qu'aucun des véhicules n'ait d'animal attelé en flèche.

Un convoi doit être fractionné en tronçons mesurant chacun 25 mètres de longueur au plus, attelages compris, pour les convois de véhicules à traction animale; en tronçons mesurant 50 mètres de longueur au plus, remorques comprises, pour les convois de véhicules automobiles.

L'intervalle entre deux tronçons consécutifs doit être d'au moins vingt-cinq mètres dans le premier cas et de cinquante mètres dans le second.

Les dispositions du présent article ne sont pas applicables aux convois militaires.

Transports exceptionnels.

Art. 14. — Lorsqu'il y a lieu de transporter des objets indivisibles de dimensions et de poids considérables, exigeant un attelage supérieur à celui qui est déterminé par l'article 18 du présent règlement ou dépassant les limites de charge fixées par l'article 2, ou ayant une largeur de chargement supérieure à celle qui est fixée par l'article 6, ou enfin, susceptibles de compromettre le passage des autres véhicules sur une route ou un chemin, les conditions de leur transport sont fixées par les préfets des départements parcourus après avis des ingénieurs des ponts et chaussées ou des agents voyers.

Les arrêtés pris en vertu des dispositions qui précèdent mentionneront l'itinéraire à suivre et les mesures à prendre pour assurer la facilité et la sécurité de la circulation publique, et pour empêcher tout dommage aux routes et aux chemins, aux ouvrages d'art et aux plantations.

Barrières de dégel.

Art. 15. — Les préfets, pour les routes nationales et départementales, les chemins de grande communication et d'intérêt commun, et les routes forestières, les maires, pour les autres voies, peuvent ordonner l'établissement de barrières de dégel.

Peuvent seuls circuler pendant la fermeture de ces barrières :

1° Les courriers postaux;

2° Les véhicules destinés au transports des personnes et étrangers à un service public de transports en commun;

3° Les véhicules à traction animale non chargés et les voitures à bras;

4° Les véhicules ne rentrant pas dans les catégories précédentes, sous réserve que le nombre des animaux d'attelage pour les véhicules à traction animale, ou le poids par essieu, pour les véhicules à traction mécanique, ne dépassent pas les limites qui seront fixées par le préfet, à raison du climat, du mode de construction et de l'état des chaussées, de la nature du sol et des autres circonstances locales.

Tout véhicule pris en contravention aux dispositions du présent article sera arrêté et mis en fourrière, le tout sans préjudice de l'amende encourue et des frais de réparation des dommages causés à la voie publique.

Passage des ponts.

Art. 16. — Sur les ponts qui n'offriraient pas toutes les garanties nécessaires à la sécurité du passage, le préfet ou le maire, suivant la nature des voies, peuvent prendre toutes dispositions qui seront jugées nécessaires pour assurer cette sécurité.

Le maximum de la charge autorisée et les mesures prescrites pour la protection et le passage de ces ponts sont, dans tous les cas, placardés à leur entrée et à leur sortie de manière à être parfaitement visibles des conducteurs.

Dans les circonstances urgentes, les maires peuvent prendre les mesures provisoires que

leur paraît commander la sécurité publique,
sauf à en rendre compte à l'autorité supérieure.

CHAPITRE II

Dispositions spéciales aux véhicules
à traction animale.
Freins.

Art. 17. — Si la topographie l'exige, le
préfet peut imposer sur certaines voies l'obligation de munir tout véhicule d'un frein ou
d'un dispositif d'enrayage.

Nombre d'animaux d'un attelage.

Art. 18. — Sauf dans les cas prévus à l'article 14 ci-dessus, il ne peut être attelé:
1º Aux véhicules servant au transport des
marchandises plus de cinq chevaux ou bêtes
de trait, s'il s'agit de véhicules à deux roues;
plus de six bœufs ou de huit chevaux ou bêtes de trait s'il s'agit de véhicules à quatre
roues, sans qu'il puisse y avoir plus de cinq
animaux de file.
2º Aux véhicules servant au transport des
personnes, plus de trois chevaux, s'il s'agit
de véhicules à ʋeux roues; plus de six, s'il
s'agit de véhicules à quatre roues.
Quant le nombre de bêtes de trait est supérieur à six, il doit être adjoint un aide au
conducteur.

Renforts.

Art. 19. — La limitation du nombre des
animaux d'attelage, fixée par l'article précédent, n'est pas applicable sur les sections de
routes offrant des rampes d'une déclivité ou
d'une longueur exceptionnelles.
Ces sections de routes sont déterminées par
arrêtés préfectoraux et leurs limites sont indiquées sur place par des poteaux portant
l'inscription « renfort »
L'emploi d'animaux de renfort peut aussi
être autorisé temporairement par le préfet sur
les sections de routes où les travaux de réparations ou d'autres circonstances rendent
cette mesure nécessaire. Dans ce cas, des po-

teaux provisoires sont posés pour indiquer
les limites de ces sections.

Neige ou verglas.

Art. 20. — En temps de neige ou de verglas,
les prescriptions relatives à la limitation du
nombre des animaux de trait sont suspendus.

CHAPITRE III

Dispositions spéciales aux véhicules automobiles.

Organes moteurs.

Art. 21. — Les organes d'un véhicule automobile doivent être disposés de façon à éviter
tout danger d'incendie ou d'explosion ; leur
fonctionnement ne doit constituer aucune cause de danger ou d'incommodité.

Les moteurs doivent être munis d'un dispositif d'échappement silencieux, dont l'emploi est obligatoire dans les agglomérations
et quand l'automobile croise ou dépasse en
rase campagne, des bestiaux ou des animaux
de selle, de trait ou de charge.

L'appareil d'où procède la source d'énergie
est soumis aux dispositions des règlements
sur les appareils de même genre en vigueur
ou a intervenir.

Le délai d'application des prescriptions du
présent article aux véhicules en service lors
de la promulgation du présent règlement est
fixé par l'article 60 ci-après.

Organes de manœuvre et de direction.

Art. 22. — Le véhicule doit être disposé de
manière que la vue du conducteur soit bien
dégagée vers l'avant.

Le conducteur doit pouvoir actionner de son
siège les organes de manœuvre et consulter
les appareils indicateurs sans cesser de sur-
veiller la route.

Les organes de commande de la direction
offriront toutes les garanties de solidité dé-
sirables.

★★★

Les véhicules automobiles dont le poids à vide excède 350 kilogr. seront munis de dispositifs de marche arrière.

Le délai d'application des prescriptions du précédent paragraphe aux véhicules en service lors de la promulgation du présent règlement est fixé par l'article 60 ci-après.

Organes de freinage.

Art. 23. — Tout véhicule automobile doit être pourvu de deux systèmes de freinage à commande et transmission indépendantes; ces freins doivent être suffisamment puissants pour arrêter et immobiliser le véhicule sur les plus fortes déclivités.

L'un au moins des systèmes de freinage doit agir directement sur les roues ou sur des couronnes immédiatement solidaires de celles-ci.

Dans le cas d'un véhicule à avant-train moteur, l'un des systèmes de freinage à la disposition du conducteur doit agir sur les roues arrières du véhicule.

Les remorques uniques sont exemptées de l'obligation des freins. Dans le cas de train routier, chaque véhicule doit être muni d'un système de freinage satisfaisant aux conditions du premier alinéa du présent article et susceptible d'être actionné, soit par le conducteur à son poste sur l'automobile, soit par un conducteur spécial.

Le délai d'application des prescriptions du présent article aux véhicules en service lors de la promulgation du présent règlement est fixé par l'article 60 ci-après.

Eclairage.

Art. 24. — Tout véhicule automobile, autre que la motocyclette, doit être muni, dès la chute du jour, à l'avant, de deux lanternes à feu blanc et à l'arrière d'une lanterne à feu rouge placée à gauche.

Pour la motocyclette, l'éclairage peut être réduit soit à un feu visible de l'avant et de l'arrière, soit même, quand un appareil à surface réfléchissante rouge est établi à l'arrière, à un feu visible de l'avant seulement.

En rase campagne, tout véhicule marchant

à une vitesse supérieure à 20 kilomètres à l'heure devra porter au moins un appareil supplémentaire ayant une puissance suffisante pour éclairer la route à 100 mètres en avant.

L'emploi de lumières aveuglantes est toujours interdit dans les agglomérations pourvues d'un éclairage public; il ne peut être admis en dehors de ces agglomérations que si le faisceau de rayon aveuglant ne s'élève pas à plus d'un mètre du sol.

Dès la chute du jour, les automobiles isolés doivent être munis d'un dispostif lumineux capable de rendre lisible le numéro inscrit sur la plaque arrière et dont l'apposition est prescrite par l'article 27 du présent règlement. Dans le cas de véhicules remorqués par un automobile, ce dispositif d'éclairage ainsi que le feu rouge d'arrière doivent être reportés à l'arrière de la dernière remorque qui doit également porter le numéro du véhicule tracteur, conformément à l'article 32 ci-après.

Le délai d'application des prescriptions du présent article aux véhicules en service lors de la promulgation du présent règlement est fixé par l'article 60 ci-après.

Signaux sonores.

Art. 25. — En rase campagne, l'approche de tout véhicule automobile doit être signalée, en cas de besoin, au moyen d'un appareil sonore susceptible d'être entendu à 100 mètres au moins et différent des types de signaux spécialisés à d'autres usages par des règlements d'administration publique ou des arrêtés ministériels.

Dans les agglomérations, l'usage de la trompe est seul permis.

Réception.

Art. 26. — La constatation que les véhicules automobiles satisfont aux diverses prescriptions des articles 22, 23 et 24 ci-dessus est faite par le service des mines soit par type de véhicule sur la demande du constructeur, soit par véhicule isolé sur la demande du propriétaire.

Pour les véhicules construits en France, le

constructeur doit demander la vérification de tous les types d'automobiles qu'il a établis ou qu'il établira. En ce qui concerne les véhicules de provenance étrangère, la vérification par type n'est admise que si le constructeur étranger possède en France un représentant spécialement accrédité auprès du ministre des travaux publics. Dans ce cas, elle a lieu sur la demande dudit représentant.

Lorsque le fonctionnaire du service des mines a constaté que le véhicule présenté satisfait aux prescriptions réglementaires, il dresse de ses opérations un procès-verbal dont une expédition est remise au demandeur.

Le constructeur a la faculté de livrer au public un nombre quelconque de véhicules conformes à chacun des types qui ont été reconnus satisfaire au règlement. Il donne à chacun d'eux un numéro d'ordre dans la série à laquelle le véhicule appartient et il remet à l'acheteur une copie du procès-verbal ainsi qu'un certificat attestant que le véhicule livré est entièrement conforme au type. Le certificat spécifie le maximum de vitesse que le véhicule est capable d'atteindre en palier. Pour les voitures de provenance étrangère, ce certificat doit être signé, pour le constructeur, par le représentant mentionné au deuxième alinéa du présent article.

En cas de refus par les ingénieurs des mines de dresser procès-verbal constatant que le véhicule présenté satisfait aux prescriptions réglementaires, les intéressés peuvent faire appel au ministre des travaux publics qui statue après avis de la commission centrale des automobiles.

Plaques.

Art. 27. — Indépendamment de la plaque prescrite par l'article 5 ci-dessus et portant les nom, prénoms, profession et domicile du propriétaire, tout véhicule automobile doit porter d'une manière apparente, sur une ou plusieurs plaques métalliques, le nom du constructeur, l'indication du type et le numéro d'ordre dans la série du type et, en outre, s'il s'agit d'un véhicule destiné à transporter des marchandises, le poids du véhicule à vide, et le poids du chargement maximum. Les véhicules remorqués doivent porter également sur une plaque métallique, l'indication de leur poids à vide et du poids de leur chargement maximum.

Tout véhicule automobile doit, en outre, être pourvu de deux plaques d'identité portant un numéro d'ordre; ces plaques doivent être fixées en évidence d'une manière inamovible à l'avant et à l'arrière du véhicule. Le ministre des travaux publics en arrête le modèle et le mode de pose, il détermine également l'attribution des numéros d'ordre aux intéressés.

Autorisation de circuler.

Art. 28. — Tout propriétaire d'un véhicule automobile doit, avant de le mettre en circulation sur les voies publiques, adresser au préfet du département de sa résidence une déclaration faisant connaître ses nom et domicile et accompagnée d'une copie du procès-verbal dressé en exécution de l'article 26 ci-dessus.

Un récipissé de sa déclaration est remis au propriétaire; ce récipissé indique le numéro d'ordre assigné au véhicule.

La déclaration du propriétaire est communiquée sans délai au service des mines.

La déclaration faite dans un département est valable pour toute la France.

Certificat de capacité pour la conduite des automobiles.

Art. 29. — Nul ne peut conduire un véhicule automobile s'il n'est porteur d'un certificat de capacité délivré par le préfet du département de sa résidence, sur l'avis favorable du service des mines.

Un certificat de capacité spécial est institué pour les conducteurs de motocycles d'un poids inférieur à 150 kilogr.

Après deux contraventions dans l'année, le certificat de capacité pourra être retiré par arrêté préfectoral, le titulaire entendu, et sur l'avis du service des mines.

Circulation des automobiles.

Art. 30. — Le conducteur d'un automobile est tenu de présenter à toute réquisition de l'autorité competente :

1º Son certificat de capacité; 2º le récépissé de déclaration du véhicule.

Il ne doit jamais quitter le véhicule sans avoir pris les précautions utiles pour prévenir tout accident, toute mise en route intempestive et pour supprimer tout bruit gênant du moteur.

En cas de dérangement en cours de route, les réparations et la mise au point bruyantes doivent, sauf impossibilité absolue, être opérées à 100 mètres au moins de toute habitation.

Vitesse.

Art. 31. — Sans préjudice des responsabilités qu'il peut encourir à raison des dommages causés aux personnes, aux animaux, aux choses ou à la route, tout conducteur d'automobiles doit rester constamment maître de sa vitesse. Il ralentira ou même arrêtera le mouvement toutes les fois que le véhicule, en raison des circonstances ou de la disposition des lieux, pourrait être une cause d'accident, de désordre ou de gêne pour la circulation, notamment dans les agglomérations, dans les courbes, les fortes descentes, les sections de routes bordées d'habitations, les passages étroits et encombrés, les carrefours, lors d'un croisement ou d'un dépassement ou encore lorsque, sur la voie publique, les bêtes de trait, de charge ou de selle ou les bestiaux montés ou conduits par des personnes, manifestent à son approche des signes de frayeur.

La vitesse des automobiles doit également être réduite dès la chute du jour et en cas de brouillard.

En outre, les véhicules automobiles, dont le poids total en charge est supérieur à 3.000 kilogr., sont astreints, suivant leur catégorie, à ne pas dépasser les vitesses maxima indiquées ci-après :

CATÉGORIES	POIDS TOTAL EN CHARGE	VITESSE MAXIMA		
		VÉHICULES munis de bandages rigides (pendant le délai accordé par l'art. 60 pour leur circulation)	VÉHICULES munis de bandages élastiques	
			Véhicules affectés au transport des personnes	Autres véhicules
		Kilom. à l'heure	Kil. à l'heure	Kil. à l'heure
1re Catégorie. .	De 3.001 à 4.500 kilogr.	20	40	25
2e Catégorie. .	De 4.501 à 8.000 kilogr.	15	35	30
3e Catégorie. .	De 8.001 à 11.000 kilogr.	10	25	20
4e Catégorie. .	Au dessus de 11.000 kilogr.	5	15	10

Automobiles, tracteurs et véhicules remorqués.

Art. 32.— A.- Règles communes au cas d'une remorque unique et au cas de plusieurs remor-, ques. — Sont applicables aux, véhicules remorqués les prescriptions du présent règlement relatives aux véhicules isolés visées aux articles 2, 3, 5 et au premier alinéa de l'article 27 ci-dessus. — Sont également applicables aux ensembles formés par les véhicules tracteurs et les véhicules remorqués les prescriptions de l'article 13 ci-dessus concernant les convois.

Le dernier véhicule remorqué doit toujours porter à l'arrière une plaque d'identité reproduisant la plaque d'arrière du véhicule tracteur visée au deuxième alinéa de l'article 27. — Toutefois la plaque du véhicule remorqué pourra être amovible.

Les dispositions particulières aux véhicules remorqués en ce qui concerne les freins et l'éclairage sont énoncées aux articles 23 et 24 ci-dessus.

Les attelages de fortune au moyen de cordes ou de tout autre dispositif ne sont tolérés qu'en cas de nécessité absolue et sous réserve d'une allure très modérée; des mesures doivent être prises pour rendre ces attelages parfaitement visibles de jour comme de nuit. Lorsqu'un même tracteur remorque plusieurs véhicules, il ne peut être employé de moyen de fortune que pour un seul des attelages.

B. — Règles spéciales au cas d'une remorque unique. — Les limites de vitesse à observer sont celles fixées par l'article 31 ci-dessus pour la catégorie correspondant à la somme des poids en charge du tracteur et de la remorque; la vitesse est celle correspondant aux bandages rigides si le tracteur ou la remorque en est muni.

Si le poids en charge de la remorque ne dépasse pas la moitié du poids à vide du tracteur, il n'est pas tenu compte de la remorque pour la limitation de vitesse qui reste déterminée par le poids en charge du tracteur seul en conformité de l'article 31 ci-dessus.

Toutefois les véhicules même pesant en

charge moins de 3.000 kilogr. et traînant une remorque ne devront, en aucun cas, marcher à une vitesse supérieure à 40 kilomètres à l'heure.

C. — **Règles spéciales au cas de plusieurs remorques.** — Les trains comprenant plusieurs remorques ne peuvent être admis à circuler dans un département sans une autorisation délivrée par le préfet de ce département, après avis soit de l'ingénieur en chef des ponts et chaussées, soit de l'agent-voyer en chef, soit de ces deux chefs de service, suivant la nature des routes et chemins parcourus.

La demande doit indiquer :

1º Les routes et chemins que le pétitionnaire à l'intention de suivre;

2º Les poids en charge du tracteur et de chacune des remorques, ainsi que le poids de l'essieu le plus chargé;

3º La composition habituelle des trains et leur longueur totale;

4º La vitesse de marche prévue;

5º Le mode de freinage adopté en conformité des prescriptions de l'article 23.

L'autorisation détermine les conditions que doivent remplir l'automobile et ses conducteurs, pour assurer la sécurité et la commodité de la circulation; en particulier elle fixe la vitesse maxima de marche, le nombre d'hommes qui doivent être attachés au service du train; en aucun cas, ce nombre ne saurait être inférieur à 2 et il doit toujours être tel que si les freins des véhicules convoyés ne sont pas actionnés par le mécanicien, leur manœuvre soit confiée à autant de conducteurs spéciaux qu'il est nécessaire pour assurer la sécurité de la marche du train, en égard aux déclivités du parcours et à la vitesse de marche. Les intéressés peuvent faire appel de la décision du préfet devant le ministre des travaux publics qui statue après avis de la commission centrale des automobiles.

Les prescriptions du présent article ne sont applicables aux matériels spéciaux des départements de la guerre et de la marine qu'autant qu'elles ne sont pas incompatibles avec leur destination.

Courses d'automobiles.

Art. 33. — Lorsque le parcours d'une course d'automobile est compris dans l'étendue d'un seul département, l'autorisation est donnée par le préfet, après avis des chefs de service de voirie et maires des communes traversées.

Lorsque le parcours comprend plusieurs départements, l'autorisation est délivrée par le ministre de l'intérieur, sur l'avis des préfets des départements traversés, après consultation des chefs de service de voirie et des maires.

Les frais de surveillance et autres occasionnés à l'administration par la course sont supportés par les organisateurs de celle-ci, qui doivent déposer à cet effet une consignation préalable.

CHAPITRE IV

Dispositions spéciales aux véhicules attelés ou automobiles affectés aux services publics de transport en commun.

Déclaration.

Art. 34. — Les entrepreneurs de services publics de transports en commun, par véhicules attelés ou automobiles, sont tenus de déclarer au préfet du département le siège principal de leur établissement, le nombre de leurs voitures, celui des places qu'elles contiennent, le lieu de la destination, les jours et heures de départ et d'arrivée.

Tout changement aux dispositions ainsi arrêtées donne lieu à une déclaration nouvelle.

Freins.

Art. 35. — Les véhicules attelés, affectés aux services publics susvisés doivent être pourvus d'au moins un frein pouvant être facilement manié de son siège par le conducteur et, en outre, d'un autre dispositif susceptible d'immobiliser l'une au moins des roues d'arrière.

Dispense de ce dernier dispositif peut-être accordée par le préfet pour les véhicules circulant habituellement sur des itinéraires peu accidentés.

Les véhicules automobiles affectés aux services publics susvisés sont astreints aux prescriptions de l'article 23 ci-dessus.

Le délai d'application des prescriptions du précédent paragraphe aux véhicules en service lors de la promulgation du présent règlement est fixé par l'article 60 ci-après.

Dispositions intérieures et extérieures des véhicules.

Art. 36. — L'intérieur des véhicules affectés aux services publics de transport en commun doit être disposé de manière à assurer la sécurité et la commodité des voyageurs.

Les indications relatives à l'itinéraire suivi doivent être placées à l'extérieur des véhicules d'une façon très apparente.

Le délai d'application des prescriptions du présent article aux véhicules en service lors de la promulgation du présent règlement est fixé par l'article 60 ci-après.

Eclairage.

Art. 37. — Pendant la nuit les véhicules affectés aux services publics susvisés seront signalés en avant par deux feux blancs et en arrière par un feu rouge.

Ce dernier devra être placé sur le côté gauche du véhicule. Il pourra, conformément à l'article 4 ci-dessus, être produit par le même foyer lumineux que le feu gauche d'avant, dans le cas ou la longueur totale du véhicule, chargement compris, n'excède pas six mètres.

L'éclairage des véhicules automobiles sera assuré dans les conditions prévues par l'article 24 ci-dessus. Toutefois la vitesse maxima à partir de laquelle est obligatoire l'emploi d'un feu éclairant la route à 100 mètres au moins en avant est abaissé de 20 à 12 kilomètres à l'heure.

Le délai d'application des prescriptions du présent article aux véhicules en service lors de la promulgation du présent règlement est fixé par l'article 60 ci-après.

Réception.

Art. 38. — Aussitôt après la déclaration faite en vertu de l'article 34 ci-dessus, le préfet ordonne la visite des véhicules afin de constater qu'ils ne présentent aucun vice de construction qui ne puisse occasionner des accidents et qu'ils satisfont aux conditions nécessaires pour assurer la commodité et la sécurité du transport des voyageurs.

Cette visite, qui pourra être renouvelée toutes les fois que l'autorité le jugera nécessaire, est faite, en présence du commissaire de police et du représentant du directeur des contributions indirectes, par un ou plusieurs experts que le préfet aura désignés.

L'entrepreneur a la faculté de nommer de son côté un expert pour opérer contradictoirement avec celui de l'administration. En cas de désaccord entre les experts, il sera statué par le préfet sur le vu de leurs avis.

La visite des véhicules est faite à l'un des principaux établissements de l'entreprise; les frais sont à la charge de l'entrepreneur.

Autorisation de circuler et de stationner.

Art. 39. — Aucun véhicule affecté aux services publics de transport en commun ne peut être mis en circulation sans une autorisation délivrée par le préfet après réception du véhicule, effectuée comme il est dit à l'article 38 ci-dessus. En ce qui concerne la mise en circulation des véhicules automobiles, cette réception ne dispense d'ailleurs pas des formalités prescrites au chapitre III du présent règlement.

Le préfet transmet au directeur des contributions indirectes un extrait des autorisations qu'il a accordées. L'estampille prescrite par l'article 117 de la loi du 25 mars 1817 n'est délivrée que sur le vu de l'autorisation qui doit être inscrite sur un registre spécial.

Le retrait d'autorisation de circuler peut être prononcé par le préfet dans les mêmes formes que la réception s'il est constaté que le véhicule ne satisfait plus aux conditions voulues.

Les points de stationnement sont fixés par arrêté préfectoral.

Indications diverses et tarifs.

Art. 40. — Chaque véhicule affecté aux services publics de transport en commun, doit porter à l'extérieur, dans un endroit apparent indépendamment de l'estampille délivrée par l'administration des contributions indirectes, le nom et le domicile de l'entrepreneur.

Le nombre et le prix des places sont affichés à l'intérieur des compartiments.

Les tarifs ne peuvent être modifiés qu'après que les changements prévus auront été affichés au moins pendant huit jours pleins par l'entrepreneur dans ses divers bureaux et à l'intérieur des compartiments de ses véhicules.

Le délai d'application des prescriptions du présent article aux véhicules en service lors de la promulgation du présent règlement est fixé par l'article 60 ci-après.

Obligations imposées aux conducteurs.

Art. 41. — Nul ne peut être admis à conduire des véhicules affectés aux services publics de transports en commun s'il n'est porteur d'un certificat de bonne vie et mœurs délivré par le maire de la commune de son domicile et, en outre, pour les véhicules automobiles, du certificat de capacité visé à l'article 29 ci-dessus.

Les cochers de voitures attelées doivent être âgés de seize ans au moins et les conducteurs d'automobiles de vingt ans au moins.

Dans les haltes, le receveur et le conducteur ne peuvent quitter en même temps le véhicule tant qu'il reste attelé ou que le moteur est en mouvement.

Avant de donner le signal du départ, le receveur, ou, à son défaut, le conducteur doit s'assurer que les dispositifs destinés à assurer la sécurité des voyageurs sont en place.

Droit de passage.

Art. 42. — Lorsque, contrairement à l'article 9 du présent règlement, un roulier ou conducteur de véhicule quelconque, de bête de trait, de charge ou de selle ou d'animal, n'aura pas cédé la moitié de la chaussée à un véhicule affecté à un service public de transport en commun, le conducteur qui aurait à se plaindre de cette contravention en fait la déclaration avec tous renseignements et justifications à l'appui, à l'officier de police du lieu le plus rapproché.

Celui-ci dresse procès-verbal de la déclaration et la transmet sur le champ au procureur de la République.

Création de relais.

Art. 43. — Les entrepreneurs sont tenus de faire aux préfectures des départements intéressés, la déclaration des lieux où les relais sont situés, ainsi que la déclaration du nom des relayeurs.

La déclaration est renouvelée chaque fois que les entrepreneurs traitent avec un nouveau relayeur.

Organisation des relais.

Art. 44. — Les relayeurs ou leurs préposés sont tenus d'être présents à l'arrivée et au départ de chaque véhicule et de s'assurer eux-mêmes, et sous leur responsabilité, que les conducteurs ne sont pas en état d'ivresse.

La tenue des relais en tout ce qui intéresse la sécurité des voyageurs, est surveillée par les maires des communes où ces relais se trouvent établis.

Registre des réclamations.

Art. 45. — A chaque bureau de départ et d'arrivée et à chaque relai, il doit exister un registre, côté et paraphé par le maire pour l'inscription des plaintes que les voyageurs peuvent avoir à formuler contre les conducteurs, cochers ou receveurs. Ce registre est présenté aux voyageurs à toute réquisition par le chef de bureau ou le relayeur.

Dispositions spéciales aux voitures internationales.

Art. 46. — Les véhicules, qui assurent un service international de transport en commun, sont soumis, en ce qui concerne les parcours sur le territoire français, aux prescriptions du présent règlement, sauf dérogation résultant d'un accord entre les gouvernements intéressés.

Publicité des dispositions précédentes.

Art. 47. — Les articles 34 et 45 doivent être constamment placardés par les soins des entrepreneurs dans lieu le plus apparent des bureaux et des relais.

Les articles 40 et 45 inclus doivent être imprimés à part et affichés dans l'intérieur de chacun des compartiments des véhicules.

CHAPITRE V

Dispositions applicables aux cycles

A. — Cycles pourvus d'un moteur mécanique.

Art. 48. — Les cycles pourvus d'un moteur mécanique sont régis par les dispositions du chapitre III ci-dessus.

B. — Cycles sans moteur mécanique.
Eclairage.

Art. 49. — Dès la chute du jour, tout cycle doit être pourvu d'un feu visible soit de l'avant et de l'arrière, soit d'un feu visible de l'avant seulement et d'un appareil à surface réfléchissante rouge à l'arrière.

Le délai d'application des prescriptions du présent article aux cycles en service lors de la promulgation du présent règlement est fixé par l'article 60 ci-après.

Signaux sonores.

Art. 50. — Tout cycle doit être muni d'un appareil avertisseur constitué par un timbre à note aiguë ou un grelot, dont le son puisse être entendu à 50 mètres au moins, et qui sera actionné aussi souvent qu'il sera besoin. L'emploi de tout autre signal sonore est interdit.

Le délai d'application des prescriptions du présent article aux cycles en service lors de la promulgation du présent règlement est fixé par l'article 60 ci-après.

Plaques.

Art. 51. — Tout cycle doit porter une plaque métallique indiquant le nom et le domicile du propriétaire ainsi qu'un numéro d'ordre, si le propriétaire est loueur de cycles.

Vitesse.

Art. 52. — Les cycles doivent prendre une allure modérée dans la traversée des agglomérations, ainsi qu'aux croisements, carrefours et tournants des voies publiques.

Ils ne peuvent former dans les rues des groupes susceptibles de gêner la circulation.

Croisement ou dépassement.

Art. 53. — Les cyclistes doivent prendre leur droite lorsqu'ils croisent des véhicules quelconques, des cycles ou des animaux, et leur gauche lorsqu'ils veulent les dépasser; dans ce dernier cas, ils sont tenus d'avertir le conducteur ou le cavalier au moyen de leur appareil sonore et de modérer leur allure.

Réglementation de la circulation des cycles.

Art. 54. — Par dérogation à l'article 12 ci-dessus, la circulation des cycles est admise sur les trottoirs à condition que les machines soient conduites à la main.

En outre, le long des routes et chemins pavés ou en état de réfection, la circulation des cycles est tolérée, en dehors des agglomérations, sur les trottoirs et contre-allées affectées aux piétons. Mais, dans ce cas, les cyclistes sont tenus de prendre une allure modérée à la rencontre des piétons et de réduire leur vitesse au droit des habitations.

CHAPITRE VI

Dispositions applicables aux piétons et aux animaux non attelés ni montés
Piétons.

Art. 55. — Sans préjudice des mesures de prudence qui leur incombent, les conducteurs de véhicules quelconques sont tenus d'avertir les piétons de leur approche.

Les piétons dûment avertis doivent se ranger pour laisser passer les véhicules, cycles, bêtes de trait, de charge ou de selle.

Troupeaux.

Art. 56. — Les troupeaux d'animaux de toute espèce, circulant sur les voies publiques, doivent être dirigés par un nombre suffisant de conducteurs, et menés de façon qu'ils n'occupent pas plus de la moitié de la largeur de la route et du chemin; ils ne peuvent y stationner.

Lorsqu'ils circulent la nuit, leur présence doit être indiquée par un signal sonore ou lumineux.

Lorsque plusieurs troupeaux circulent sur la même route ou le même chemin, ils doivent être séparés par une distance de 50 mètres au moins.

Divagation ou abandon des animaux sur la voie publique.

Art. 57. — Sans préjudice des dispositions du code pénal concernant les animaux malfaisant ou féroces, il est interdit de laisser vaguer sur les voies publiques un animal quelconque et d'y laisser à l'abandon des bêtes de trait, de charge ou de selle.

Pacage.

Art. 58. — Il est défendu de faire ou de laisser paître sur les voies publiques les animaux de toute espèce.

CHAPITRE VII

Dispositions transitoires et diverses Contraventions au présent règlement.

Art. 59. — Les contraventions aux dispositions du présent règlement seront constatées par des procès-verbaux et déférées aux tribunaux compétents, conformément aux lois et règlements en vigueur.

Délais d'application du présent règlement.

Art. 60. — Les délais suivants sont accordés pour l'application des articles visés ci-dessus aux véhicules qui seront en service lors de la publication du présent règlement.

Un an :

Pour les prescriptions de l'article 4, relatives à l'éclairage de tous les véhicules sans exception;

Pour les prescriptions de l'article 5, relatives aux plaques à apposer sur les véhicules;

Pour les prescriptions des articles 21, 22 et 23, relatives aux dispositions des organes moteurs, de manœuvre, de direction et de freinage des véhicules automobiles;

Pour les prescriptions de l'article 24, relatives à l'éclairage et spéciales aux véhicules automobiles;

Pour les prescriptions de l'article 35, spéciales aux freins des véhicules affectés aux services publics de transport en commun;

Pour les prescriptions de l'article 36, relatives aux dispositions intérieures et extérieures des véhicules affectés aux services publics de transport en commun;

Pour les prescriptions de l'article 37, spéciales à l'éclairage des véhicules affectés aux services publics de transport en commun;

Pour les prescriptions de l'article 40 relatives aux indications diverses à opposer à l'intérieur ou à l'extérieur des véhicules affectés aux services publics de transport en commun;

Pour les prescriptions des articles 49 et 50 relatives à l'éclairage et aux signaux avertisseurs des cycles.

Cinq ans :

Pour les prescriptions de l'article 2, relatives aux dimensions et à la nature des bandages des roues;

Pour les prescriptions de l'article 3, relatives au gabarit des véhicules et aux saillies des fusées d'essieux ou des moyeux.

Ces délais seront comptés à partir de la date de la publication du présent règlement.

Pendant les périodes transitoires, chaque espèce continuera à être soumise aux règlements qui lui étaient applicables avant la promulgation du présent règlement.

Voies ferrées sur route.

Art. 61. — Le présent règlement ne s'appliquéra pas aux voies ferrées empruntant l'assiette des voies publiques, ni aux véhicules servant à l'exploitation de ces voies ferrées qui continuent à être soumis aux règlements spéciaux les concernant.

Pouvoirs des préfets et des maires.

Art. 62. — Les dispositions du présent décret ne font pas obstacle au droit, conféré par les lois et règlements aux préfets et aux maires, de prescrire, dans les limites de leurs pouvoirs, et lorsque l'intérêt de la sécurité ou de l'ordre public l'exige, des mesures plus rigoureuses que celles édictées par le présent règlement.

Règlements abrogés.

Art. 63. — Sont et demeurent abrogés, les décrets des 10 août 1852 et 24 février 1858, relatifs à la police du roulage, le décret du 29 août 1863, concernant l'établissement des barrières de dégel, les décrets du 10 mars 1899, du 10 septembre 1901 et du 4 septembre 1919, ayant trait à la circulation des automobiles ainsi que toutes dispositions contraires à celles du présent règlement.

Exécution du décret.

Art. 64. — Les ministres de l'intérieur, des finances et des travaux publics sont, chacun en ce qui le concerne, chargés de l'exécution du présent décret qui sera publié au « Journal officiel » et inséré au « Bulletin des lois ».

Circulaire du Ministre des Travaux publics

Paris, le 30 mai 1921.

Le Gouvernement a mis au premier rang de ses préoccupations, dans l'ordre économique, de sauvegarder l'universelle renommée du réseau routier de la France, mis en péril par la nature et l'intensité de la circulation moderne.

Une série de mesures méthodiquement concertées dans ce but sont à l'étude.

Pour conserver cette partie essentielle de l'outillage national et l'accroître, l'administration poursuit l'amélioration scientifique des procédés de construction et d'entretien des chaussées, recherche le moyen pratique d'affecter spécialement certaines ressources à l'exécution des travaux, songe à coordonner les efforts des collectivités diverses qui ont la charge d'entretenir les routes de toutes catégories.

Toutefois, un problème dont la solution a semblé devoir être immédiate est celui de l'utilisation des routes existantes, de telle manière qu'on puisse en retirer le maximum de rendement avec le maximum de commodité et de sécurité. L'aménagement des itinéraires qui s'imposent aux courants naturels du trafic, en dehors de toute idée de classification administrative des voies, constituera un jour, à cet égard, une amélioration certaine. Mais il importe avant tout de procéder à une réglementation équitable et rationnelle de la circulation, sur toutes les voies publiques.

L'accroissement considérable et constant du nombre et de la puissance des véhicules automobiles avait, dès 1909, amené l'administration à constater la nécessité d'une refonte complète des divers règlements concernant la police de la circulation routière pour les adapter aux exigences de la technique moderne. L'élaboration d'un règlement unique, déterminant avec précision les droits et les devoirs de chacun des usagers de la route : riverains, agriculteurs, piétons, cyclistes, voituriers, automobilistes, s'imposait déjà dans l'intérêt supérieur de l'ordre et de la sécurité publics.

Au moment où les hostilités ont éclaté, la commission spécialement instituée pour la préparation de ce texte, auquel on s'est communément plu à donner le nom de « code de la route », venait de terminer ses travaux, d'après les résultats de l'enquête prescrite par la circulaire ministérielle du 14 août 1911.

auprès des conseils généraux et des groupements agricoles, sportifs et industriels. Mais la guerre, par suite de l'exceptionnelle intensité donnée aux transports automobiles, a permis de recueillir de nouveaux et précieux enseignements. D'autre part, le nombre considérable de conducteurs et de voitures automobiles rendus à l'activité économique par la démobilisation et par la vente des stocks n'a pas manqué d'accroître l'intérêt du problème de la circulation routière.

En effet, aucun procédé d'entretien des chaussées ne saurait mettre les routes à l'abri des conséquences destructives d'une circulation à la fois lourde et rapide, si une police préventive ne tend pas à en éviter ou tout au moins a en atténuer les inconvénients; il est nécessaire pour cela de recourir à des règles impératives qui, sans risquer de nuire au développement souhaitable d'un nouveau mode de locomotion, procurent à tous les usagers de la route, en déterminant leurs droits respectifs, la sécurité à laquelle ils sont fondés à prétendre.

Aussi me suis-je attaché à faire, aussi rapidement que possible, mettre au point, suivant les plus récentes données de l'expérience, le projet de règlement antérieurement élaboré. Le texte arrêté d'après l'avis du conseil d'Etat a définitivement pris corps sous la forme du décret ci-joint portant règlement sur la police de la circulation de la voie publique.

Les dispositions du nouveau règlement visent les mesures propres à assurer à la fois la protection de la route et la sauvegarde des droits respectifs de ceux qui l'utilisent.

Je crois devoir appeler votre attention sur les divers articles du décret contenant, soit des innovations, soit le rappel de règles particulièrement importantes.

L'article 1er indique d'une façon catégorique que, dans leur ensemble, les prescriptions édictées s'appliquent à « toutes les voies ouvertes à la circulation publique ». Il n'y a donc pas de distinction à faire entre les routes, chemins ou rues diversement classés dans la voirie nationale, départementale, communale ou urbaine. Vous remarquerez toutefois que les articles 10 (« in fine ») et l'article 68 réservent explicitement les droits réglementaires des préfets et des maires.

La limitation, prévue par l'article 2, du poids des véhicules d'après la pression des bandages sur le sol est une innovation capitale pour la conservation de la route. Il conviendra de tenir très sérieusement la main à ce que, dans les délais prscrits à l'article 60, toutes transformations nécessaires soient apportées aux voitures qui ne répondraient pas aux nouvelles conditions.

Le décret de 1852 limitait à 2 mètres 50 la longueur des essieux; sauf les exceptions prévues par l'article 3 du nouveau règlement, ce maximum s'appliquera désormais à la largeur des véhicules, toutes saillies comprises.

Le nombre d'accidents dus à l'absence, à l'insuffisance ou aux défectuosités de l'éclairage exige la stricte application des dispositions des articles 4, 25, 37, 49 et 56. La généralisation du feu rouge, fixé à gauche à l'arrière des véhicules contribuera certainement à éviter des collisions en décelant la position et le sens de marche de ces véhicules. L'emploi de feux aveuglants est interdit dans les agglomérations et, même en rase campagne, les rayons projetés ne devront, en aucun cas ,s'élever à plus d'un mètre au-dessus du sol.

L'article 17 réserve au préfets la faculté d'imposer un frein aux véhicules à traction animale, si la topographie de la région l'exige; quant aux automobiles, l'emploi de deux freins indépendants l'un de l'autre reste obligatoire.

Pour les signaux sonores, on a jugé nécessaire des les spécialiser par catégories de véhicules pour éviter tout abus et toute méprise; dans les agglomérations, seul est admis, pour les automobiles, l'usage de la trompe; les cycles doivent être munis exclusivement d'un timbre à note aiguë ou d'un grelot.

Les indications exigibles sur les plaques, prévues par les articles, 5, 27 et 51 ont une utilité évidente au point de vue de la police du roulage. Leur importance s'accroît en ce qui concerne les automobiles, du fait que les mentions prescrites constituent les renseignements indispensables pour l'application du tableau des vitesses maxima inscrit dans l'article 31.

L'innovaion de l'article 26, relatif à la réception des automobiles, consiste à admettre également pour les véhicules de provenance étrangère les facilités réservées jusqu'ici aux véhicules construits en France, c'est-à-dire, la réception par type, sous la seule condition que la marque étrangère ait un représentant accrédité auprès du ministre des travaux publics.

La suppression de toute limite de vitesse maxima pour les automobiles dont le poids total en charge ne dépasse pas 3.000 kilogr., a été inspirée par le désir de ne pas entraver par des mesures inopportunes et qui risqueraient d'ailleurs d'être inefficaces, le développement d'un moyen de locomotion caractérisé par une vitesse supérieure à celle des anciens véhicules.

Mais l'esprit libéral dans lequel a été conçue cette réforme ne confère nullement à l'automobiliste le droit d'abuser de la faculté qui lui est accordée : sa responsabilité civile et penale serait engagée non seulement par les accidents de personnes qu'il pourrait provoquer, mais encore par les dommages qu'il causerait aux animaux accompagnés, aux choses d'autrui et à la route. L'article 31 impose au conducteur d'automobile de rester constamment maître de sa vitesse et prévoit, sans intention limitative d'ailleurs, quelques-uns des cas où la marche du véhicule devra obligatoirement être ralentie ou même suspendue (agglomérations, courbes, fortes descentes, sections de routes bordées d'habitations, passages étroits ou encombrés, carrefours, points de croisement ou de dépassement de véhicules ou d'animaux).

C'est la même considération qui, pour les véhicules automobiles d'un poids supérieur à 3.000 kilogr. a fait juger indispensable l'établissement d'un barème limitatif de la vitesse selon le poids de ces véhicules.

Les autres conducteurs sont, au même titre, astreints par l'article 8, à une allure modérée à la traversée des agglomérations et dans toutes les circonstances qui imposent une marche prudente. De l'application ferme de ces dispositions que je signale, spécialement à votre attention, dépendent, à la fois, la sécurité de la circulation et la conservation des chaussées.

Il a paru utile, en ce qui concerne les bifurcations et les croisées de chemins, de préciser, à l'article 10, que les véhicules circulant sur les routes nationales ou route assimilées ont la priorité de passage.

Au croisement de deux chemins d'une même catégorie, le conducteur doit céder le passage à celui qui vient à sa droite.

Ces innovations ne doivent pas exclure la prudence ni dispenser les conducteurs de l'usage des signaux sonores prescrits par l'article 35.

Les mesures édictées par les articles 13 (convois), 14 (transports exceptionnels) et 32 (remorques et trains routiers) sont inspirées à la fois par la nécessité de mettre les chaussées à l'abri d'une usure exagérée et par le souci d'éviter l'encombrement des routes. Je vous prie de veiller tout particulièrement à leur application.

Les règles concernant les services publics de transport en commun ont été simplifiées, afin qu'aucune entrave inutile ne soit apportée au développement de ces services.

Les articles 48 à 54 rappellent, pour les cycles, la réglementation déjà sanctionnée par une longue expérience, mais dont l'extension aux motocycles, n'a pas paru désirable. L'accroissement de la puissance des moteurs, l'adjonction d'un deuxième siège et divers autres perfectionnements sont en effet arrivés à transformer la motocyclette, par étapes successives et peu marquées, en une véritable voiturette et il a semblé rationnel d'assimiler en partie ces véhicules aux automobiles dont ils atteignent la vitesse.

L'article 55 qui garantit à nouveau au piéton le droit d'être protégé par un avertissement du conducteur de tout véhicule, lui impose, par contre, l'obligation de déférer à cet appel en laissant momentanément la chaussée libre. Il résulte de cette astreinte imposée aux piétons le devoir pour les services de la voirie de dégager les accotements de tout dépôt et l'accès des trottoirs de tout obstacle qui seraient de nature à empêcher le piéton de trouver le refuge auquel il doit pouvoir prétendre.

Il va de soi qu'en dehors des textes formellement abrogés par l'article 63, toutes les règles antérieures de police concernant la conservation des routes ou la circulation publique restent en vigueur, en tant qu'elles ne sont pas contraires aux prescriptions nouvelles. C'est pourquoi je crois devoir rappeler certaines prohibitions légales, incontestablement maintenues et qu'il importe de faire respecter dans l'intérêt spécial de la conservation de la route.

Il reste interdit *d'une façon absolue* :

1º d'anticiper sur les limites de la voie publique et de ses dépendances (1);

2º de laisser se répandre ou de jeter sur la voie publique et ses dépendances des eaux ou des matières susceptibles de nuire à la salubrité publique, à la sécurité et à la commodité de la circulation (2);

3º de faire obstacle au libre écoulement des eaux dans les canivaux, ouvrages et fossés de la voie publique (3);

4º d'une manière générale, de dégrader la voie publique ainsi que ses dépendances, les plantations et les ouvrages (4) établis soit dans l'intérêt de la circulation, soit dans un but d'utilité ou de décoration publiques (5);

Il demeure également interdit, *sauf autorisation préalable* :

1º d'ouvrir des fouilles sous la voie publique et ses dépendances (6);

------

(1) Ordonnance du 4 août 1731; article 479, 11º du Code pénal.

(2) Edit de décembre 1607; arrêté réglementaire du 20 septembre 1858; article 471, 6º du Code pénal.

(3) Arrêté du Conseil du 17 juin 1721.

(4) Loi du 29 floréal an X, article 1er; articles 257 et 437 du Code pénal.

(5) Poteaux de signalisation, bornes, becs de gaz, vespasiennes, grilles, abris de cantonniers, parapets, motifs architecturaux des ouvrages, ponts, etc.

(6) Edit de décembre 1607; arrêt du Conseil du 17 juin 1721.

2º de pratiquer des excavations à une distance des limites de la voie publique et de ses dépendances inférieures à 10 m. augmentés d'un mètre par mètre de profondeur de l'excavation, s'il s'agit d'une excavation à ciel ouvert et à 10 mètres augmentés de un mètre par mètre de hauteur de l'excavation s'il s'agit d'une excavation ou galerie souterraine (7);

3º d'enlever des pierres, terres, gazons ou produits de plantations provenant de la voie publique et de ses dépendances (8);

4º de planter des arbres à moins de deux mètres et des haies à moins de 0 m. 50 des limites de la voie publique et de ses dépendances (9);

5º de faire sur la voie publique et ses dépendances des dépôts d'objets quelconques ou des installations de quelque nature qu'elles soient (10);

Il vous appartiendra, en faisant appel à la vigilance de tous les agents investis de missions de police sur la voie publique, de faire respecter ces interdictions en même temps que les prescriptions et prohibitions inscrites dans le nouveau règlement.

Je vous adresse, de ce texte, précédé de la présente circulaire, un nombre d'exemplaires suffisant pour que vous puissiez le porter à la connaissance des divers services de votre département chargés de relever les infractions. J'en envoie directement copie aux ingénieurs et aux subdivisionnaires des ponts et chaussées. Je vous prie de lui donner de votre côté toute la publicité désirable par les divers moyens en votre pouvoir.

-----

(7) Arrêts du Conseil du 14 mars 1741, 5 avril 1772, 15 septembre 1776; déclarations du roi du 23 janvier 1779 et 17 mars 1780; arrêté réglementaire du 4 juillet 1813.

(8) Ordonnance du 4 août 1731; article 479, 12º du Code pénal.

(9) Ordonnance du 4 août 1731; règlement type du 26 septembre 1858; article 674 du Code civil.

(10) Edit de décembre 1607, ordonnance du 4 août 1731; article 471, 4º du Code pénal.

BIBLIOTHEQUE NATIONALE DE FRANCE
3 7511 00353274 7

9 782329 037622